TENHO MONSTROS NA BARRIGA

Revisão
Carolina Casarin
Guilherme Semionato

Direção de arte
Relâmpago

Fotografia
Bruno Alvares

twitter: @meusmonstrinhos
facebook.com/monstrosnabarriga

tenhomonstrosnabarriga.com.br

Este livro foi composto na fonte Mikado e impresso em papel couche 90g
pela gráfica Walprint, em junho de 2017.

TENHO MONSTROS NA BARRIGA

TONIA CASARIN

3ª edição

2017

Ao Felipe, Ieiê, Fernandinho e Marcos.
Ao Tuca, Thi e Lua.
À criança que vive em mim.
E àquela que vive dentro do Carlos.

A emoção confere à natureza humana beleza inesgotável.

Somos não só capazes de sentir as emoções, como também de entendê-las e de admirá-las em nós mesmos e nos outros. Quando queremos, somos em boa medida capazes de controlá-las. O conhecimento das emoções, como todos os outros, se dá ao longo de toda a vida. Mas, quanto mais cedo começarmos, melhor. A emoção está presente desde os primeiros dias de vida (talvez até antes), sendo um elemento natural para as crianças pequenas. Pode e deve ser bem aprendida desde a mais tenra idade.

Ao contar a odisseia de Marcelo, a autora apresenta magistralmente às crianças oito emoções cuidadosamente selecionadas e instigantemente ilustradas. Impossível esquecer! Acredito que, no futuro, todos que quando crianças tenham lido com seus pais ou ouvido falar desta delicada história vão se lembrar vividamente dos oito "monstros na barriga" de Marcelo: Alegria, Tristeza, Raiva, Medo, Coragem, Curiosidade, Orgulho e Ciúme.

Como repetidos avanços científicos vêm corroborando, quanto mais cedo adquirirmos sólido conhecimento das emoções, mais capazes seremos de conhecer e de curtir a nós mesmos, nos relacionarmos e sermos protagonistas de nossas vidas.

RICARDO PAES DE BARROS
Economista-chefe do Instituto Ayrton Senna e professor titular do Insper

Esta é a história do Marcelo, uma criança
que diz sentir um monte de coisas na barriga.

**— Mamãe, tem alguma coisa aqui na
minha barriga!**

A mãe sempre diz:
— Você deve estar com fome.
Ou com vontade de ir ao banheiro.

Mas a criança tenta de tudo: vai ao
banheiro, come banana, que é sua fruta
favorita, e... nada!

Marcelo se pergunta:
**— O que será que tenho na minha barriga, que
nem minha mãe sabe?**

Até que um dia, voltando da escola, ele falou para a mãe:
— Mamãe, mamãe! Hoje eu fiz o maior golaço na escola!

E, pulando sem parar, disse:
— **Ih! Tô sentindo alguma coisa na minha barriga de novo...**

A mãe, então, explicou:
— **Isso que você está sentindo na barriga, meu filho, tem nome.**

Afinal, o que será que Marcelo está sentindo na barriga?

E Marcelo entendeu que eram sentimentos na sua barriga.
E decidiu chamar esses sentimentos de monstrinhos.
Cada sentimento que ele tinha era um monstrinho diferente.

Vamos conhecer os monstrinhos do Marcelo?

Um monstrinho surgia na barriga do Marcelo
quando ele fazia gol ao jogar futebol. Ou quando
seu pai brincava o dia todo com ele no parque.

Era o monstrinho da ALEGRIA.

Marcelo percebeu que, quando esse monstrinho aparece, ele fica muito agitado, não para de pular e sorri o tempo todo. Isso acontece porque ele está ALEGRE.

E que, quando ele fica ALEGRE, sua mãe e seu pai também ficam ALEGRES. Ele sabe disso porque seus pais abrem o maior sorrisão para ele.

Esse é o monstrinho da ALEGRIA.

Meu monstrinho da ALEGRIA surge quando:

Quando ganho presentes

Lembro que um momento ALEGRE foi quando:

Godzila
cantors de X BOX

Como ficam meu rosto e meu corpo quando estou ALEGRE:

sorrindo

Eu sei que alguém está ALEGRE quando:

sorrir

**Quando o monstrinho da ALEGRIA aparece,
é porque eu estou ALEGRE.**

Agora é a sua vez de criar! Como é o seu monstrinho da **ALEGRIA**?

Certo dia, na hora do recreio da escola, Marcelo se machucou. E logo descobriu mais um monstrinho na sua barriga.

Era a TRISTEZA.

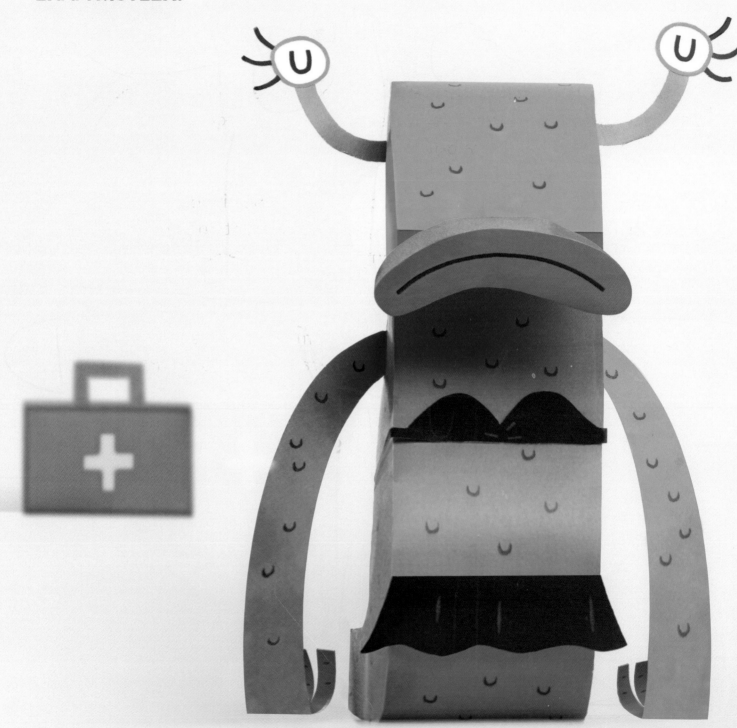

O monstrinho da TRISTEZA também aparecia quando seu melhor amigo não emprestava o brinquedo com que ele queria brincar.

Marcelo percebeu que, quando o monstrinho da TRISTEZA está presente, ele normalmente não quer falar e fica com uma vontade sem fim de chorar. Isso acontece porque ele está TRISTE.

O menino observou que seus ombros ficam caídos, sua cabeça fica baixa e sua boca fica igual à de um sapo.

Esse é o monstrinho da TRISTEZA.

Meu monstrinho da TRISTEZA surge quando:

machucado

Quando não pode ver o XBox

Quando o Jack bater

Quando caio

Lembro que um momento TRISTE foi quando:

Quando mandou se bater

Quando gasto dinheiro com meus pais saberem

Quando ganha voraçoes amarelo por mal comportamento

Quando perco algo que gosto

Como ficam meu rosto e meu corpo quando estou TRISTE:

agua nos olhos (lagrimas)

Fica com bico na boca

Eu sei que alguém está TRISTE quando:

Chorando

**Quando o monstrinho da TRISTEZA aparece,
é porque eu estou TRISTE.**

Agora é a sua vez de criar! Como é o seu monstrinho da **TRISTEZA**?

Marcelo sentia vivo na sua barriga um monstrinho agitado, principalmente quando sua irmã mudava o canal de televisão a que ele estava assistindo.

Era o monstrinho da RAIVA.

Ele também sentia RAIVA quando queria contar para seus pais como tinha sido seu dia na escola, mas nenhum deles parecia escutar.

Ele percebeu que quando está RAIVOSO fica com muita vontade de gritar e de mostrar para todo mundo o tamanho da sua força.

Quando as pessoas ficam com RAIVA, elas geralmente mordem os lábios e fazem uma cara assustadora.

Esse é o monstrinho da RAIVA.

Meu monstrinho da RAIVA surge quando:

Lembro que um momento em que senti RAIVA foi quando:

Como ficam meu rosto e meu corpo quando estou com RAIVA:

Eu sei que alguém está com RAIVA quando:

**Quando o monstrinho da RAIVA aparece,
é porque eu estou COM RAIVA ou RAIVOSO.**

Agora é a sua vez de criar! Como é o seu monstrinho da **RAIVA**?

Em um domingo ensolarado, Marcelo foi aprender a andar de skate com seu pai. Mas ele achou que o skate andava muuuuuuito rápido.

E o monstrinho do MEDO apareceu na sua barriga.

O monstrinho do MEDO também aparecia quando ele ia se refrescar na água da praia e o mar estava com muitas ondas. Ondas enoooooormes.

Marcelo percebeu que quando está com MEDO ele começa a pensar em tudo de ruim que pode acontecer.

Ele reparou também que quando as pessoas ficam com MEDO elas geralmente deixam de tentar e acabam não aprendendo coisas novas. As pessoas com MEDO ficam paralisadas, como estátuas.

Esse é o monstrinho do MEDO.

Meu monstrinho do MEDO surge quando:

Lembro que um momento em que senti MEDO foi quando:

Como ficam meu rosto e meu corpo quando estou com MEDO:

Eu sei que alguém está com MEDO quando:

**Quando o monstrinho do MEDO aparece,
é porque eu estou COM MEDO ou MEDROSO.**

Agora é a sua vez de criar! Como é o seu monstrinho do **MEDO**?

Na escola, Marcelo decidiu levantar a mão para responder a uma pergunta que a professora de Matemática tinha feito para a turma. Mesmo não tendo certeza da resposta, o menino resolveu arriscar.

E sentiu dentro de si um monstrinho grande, que parecia preencher toda a sua barriga. Marcelo desvendou o mistério.

Era a CORAGEM.

Percebeu que a CORAGEM surgia junto com o monstrinho do MEDO.
– Ué, tem espaço para mais de um monstrinho ao mesmo tempo na minha barriga!

Lembrou-se de outro momento em que também sentiu CORAGEM. Foi quando decidiu mergulhar no mar agitado com ondas que pareciam muito grandes. Percebeu que, quando se sente CORAJOSO, parece ganhar superpoderes – como os heróis – e é capaz de enfrentar o MEDO.

Quando o monstrinho da CORAGEM está na sua barriga, ele tem certeza de que nada vai dar errado! Quando alguém está sentindo CORAGEM, Marcelo observou que a pessoa estufa o peito e enfrenta o MEDO.

Esse é o monstrinho da CORAGEM.

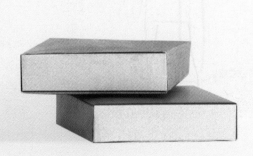

Meu monstrinho da CORAGEM surge quando:

Lembro que um momento em que tive CORAGEM foi quando:

Como ficam meu rosto e meu corpo quando tenho CORAGEM:

Eu sei que alguém é CORAJOSO quando:

**Quando o monstrinho da CORAGEM aparece,
é porque eu sou CORAJOSO.**

Agora é a sua vez de criar! Como é o seu monstrinho da **CORAGEM**?

Quando Marcelo visitava o zoológico nas férias com sua família, ficava com muita vontade de conhecer todos os animais.

Ele se recusava a ir embora até que tivesse visto todos os bichos! E percebia que tinha um novo monstrinho habitando sua barriga.

Era a CURIOSIDADE.

O menino queria entender por que o pescoço da girafa era tão comprido, se a zebra era parente do cavalo, e como o macaco conseguia pular tanto!

O monstrinho da CURIOSIDADE também surgia quando ele queria saber onde as formigas moram. Quando queria entender como a chuva cai. Ou ainda por que o pipi é amarelo. E o que aconteceria se a gente pudesse mudar a cor do céu?

Percebeu que o monstrinho da CURIOSIDADE pergunta sem parar. E, mesmo antes de ouvir a resposta, já tem outra pergunta para fazer! Mas nem sempre os adultos sabem as respostas para as perguntas do monstrinho.

Esse é o monstrinho da CURIOSIDADE.

Meu monstrinho da CURIOSIDADE surge quando:

Lembro que um momento em que senti CURIOSIDADE foi quando:

Como ficam meu rosto e meu corpo quando sinto CURIOSIDADE:

Eu sei que alguém está CURIOSO quando:

**Quando o monstrinho da CURIOSIDADE aparece,
é porque eu estou CURIOSO.**

Agora é a sua vez de criar! Como é o seu monstrinho da **CURIOSIDADE**?

Ao final de cada bimestre, quando Marcelo recebia o boletim e tirava uma boa nota na escola, ia correndo mostrar para seus pais.

Sabia o quanto tinha se esforçado para tirar aquela nota.

E percebia que tinha o monstrinho do ORGULHO em sua barriga.

O monstrinho do ORGULHO também surgia quando ele terminava o quebra-cabeça de mais de mil peças que estava montando havia um tempão. É como sentir vontade de elogiar a si próprio.

Quando fica ORGULHOSO, Marcelo entende que se a gente se esforçar pode conseguir montar até os quebra-cabeças mais difíceis!

Esse é o monstrinho do ORGULHO.

Meu monstrinho do ORGULHO surge quando:

Um momento em que senti ORGULHO foi quando:

Como ficam meu rosto e meu corpo quando sinto ORGULHO:

Eu sei que alguém está sentindo ORGULHO quando:

**Quando o monstrinho do ORGULHO aparece,
é porque eu estou ORGULHOSO.**

Agora é a sua vez de criar! Como é o seu monstrinho do **ORGULHO**?

Quando nasceu a irmãzinha de Marcelo,
um monstrinho novo também cresceu na sua barriga.

Era o monstrinho do CIÚME.

O monstrinho aparecia quando ele percebia que as pessoas só perguntavam por sua irmã mais nova, que tinha acabado de nascer. Parecia que gostavam mais dela do que dele.

Também sentia CIÚME quando, na escola, seu melhor amigo brincava com outras crianças e não com ele.

Quando ele fica CIUMENTO, quer todo mundo só para ele.

Esse é o monstrinho do CIÚME.

Meu monstrinho do CIÚME surge quando:

Lembro que um momento em que senti CIÚME foi quando:

Como ficam meu rosto e meu corpo quando sinto CIÚME:

Eu sei que alguém está sentindo CIÚME quando:

**Quando o monstrinho do CIÚME aparece,
é porque eu estou CIUMENTO.**

Agora é a sua vez de criar! Como é o seu monstrinho do **CIÚME**?

Marcelo entendeu, então, que na sua barriga
vivem varios monstrinhos. E que cada um
deles aparece em situações diferentes.

Algumas vezes, até aparece mais de um
monstrinho ao mesmo tempo!

Assim como o Marcelo, que descobriu muitos monstrinhos vivendo na barriga dele, aposto que você também tem os seus!

E, já que esses monstrinhos estão dentro da sua barriga, por que não faz amizade com eles?

SOBRE A AUTORA

Tonia Casarin nasceu em Petrópolis, no estado do Rio de Janeiro, e concluiu seu mestrado em Educação pelo Teachers College da Universidade de Columbia, em Nova York.

É apaixonada por crianças e pelas emoções que vivem dentro de cada um de nós. Este é seu primeiro livro.

twitter: @toniacasarin
toniacasarin.com.br